سلسلة "الثقافة الجنسية"

تأليف وإشراف: ممدوح الشيخ

العدد الثالث 3

مختارات

سلسلة "الثقافة الجنسية"

تأليف وإشراف: ممدوح الشيخ

العدد الأول: مختارات 3

هذه السلسلة

هذه السلسلة مشروع طموح آمل أن تضم عدداً من الإصدارت التي تقتصر على مختارات متنوعة من مصادر ذات مصداقية حول مختلف القضايا المتصلة بالثقافة الجنسية، تليها عدة دراسات أعمل على إنجازها منذ سنوات.

والمكتبة العربية ــ في الحقيقة تعاني نقصاً في هذا اللون من الكتابة التي تقدم ثقافة جنسية، سنحرص بإذن الله على علميتها وتوازنها وشمولها وبساطة لغتها وتنوع القضايا التي تغطيها.

ونجاحها في أداء ما هو مستهدف من صدورها يتحقق ــ ضمن عوامل أخرى ــ بتفاعل القراء معها نقداً وتعليقاً، فضلاً عن أن ما يشغل بال الكاتب لا يتطابق بالضرورة مع ما يشغل بال القاريء، وهو

– أي القاريء – صاحب الحق الأول في أن يكون المحتوى الذي نقدمه متسقاً مع اهتماماته.

وعليه .... أمل أن يصلنا "صدى" الصوت بما ترونه من ملاحظات وتساؤلات واقتراحات. فالكتاب – أي كتاب – لا حياة له إلا بين يدي قاريء.

<u>ممدوح الشيخ</u>

mmshikh@gmail.com

almahfaltv@gmail.com

mmshikh@hotmail.com

واقي ذكري جديد بمرهم الفياغرا[1]

بات بإمكان الرجال الذين يعانون من مشكلة انتصاب أثناء استخدام الواقي الذكري اجتياز المشكلة باستخدام **"الواقي الذكري فياجرا"**. وكان مصممو الاكتشاف الجديد لاحظوا أن عددا كبيرا من

---

[1] جريدة الدولية – الأحد 22 مايو 2011 – الرابط:

http://www.doualia.com/2011/05/20/%D9%88
%D8%A7%D9%82%D9%8A-
%D8%B0%D9%83%D8%B1%D9%8A-
%D8%AC%D8%AF%D9%8A%D8%AF-
%D8%A8%D9%85%D8%B1%D9%87%D9%85-
%D8%A7%D9%84%D9%81%D9%8A%D8%A7%D8
/%BA%D8%B1%D8%A7

الرجال الذين يستخدمون الواقي يعانون من مشكلة انتصاب أثناء استخدام الواقي الذكري العادي خلال ممارسة الجنس، فعمدوا إلى إيجاد الحل.

وقال المصنعون إن الرجال الذين استخدموا **"الواقي الذكري فياجرا"** أكدوا حصولهم على انتصاب أقوى يستمر لمدة أطول خلال علاقتهم مع الشريك.

وأدخل المصنعون مرهمًا خاصًا في تركيبة الواقي يستخدم عادة لزيادة تدفق الدم في القلب، وبالتالي يساهم الواقي في ضخ المزيد من الدم في العضو الذكري لإطالة أمد الانتصاب. ويأمل المصنعون في أن يساهم المنتج الجديد في خفض انتشار الأمراض المنتقلة جنسيًا من خلال تحفيز الرجال على استخدام الواقي الذكري، وينهي مشكلة انزلاق الواقي الذكري خلال ممارسة الجنس.

ويتوقع المصنعون أن تجذب خصائصه الرجال الراغبين في استخدام وسائل الواقي الذكري لأغراض تحسين حياتهم الجنسية. ومن المرجح طرح المنتج الذي أطلق عليه اسم: **"سي إس دي 500"** في بريطانيا خلال عام بعدما أفادت تقارير بحصوله على موافقة من الهيئات الصحية الرسمية.

6

الإخلاص أهم من الجنس لدى الألـــمان الـــمتزوجين[2]

في استفتاء للرأي شمل 1432 شخصاً

كولون (ألمانيا): ماجد الخطيب

أصبحت الحياة الزوجية السعيدة حلماً لا غير لدى ملايين العائلات الألمانية، وخصوصاً بعد تفوق الشراكات المؤقتة في العلاقة بين الجنسين على الزّيجات الرسمية، إلا أن سبب سعادة الزيجات الثابتة هو

---

[2] جريدة الشرق الأوسط اللندنية – الأربعـــاء 10 ديسمبر 2008 – العدد 10970.

تقديمها الإخلاص والصراحة على الرغبات الجنسية. هذا على الأقل ما كشفه استفتاء للرأي شمل 1432 ألمانياً يعيشون في زيجات ثابتة منذ فترة طويلة. وذكرت نسبة 57.9 % ممن شملهم الاستفتاء أن "الإخلاص" يأتي في مقدمة عوامل ديمومة حياتهم الزوجية. شملت الدراسة، التي أجرتها مجلة "الطفل والعائلة" شباناً وشيبة يعيشون في زيجات ثابتة وتتراوح أعمارهم بين 14 و64 سنة. وعلى هذا الأساس تراجعت العوامل الجنسية، وخصوصاً تحقيق الرغبات الجنسية للطرفين، إلى المرتبة الخامسة بنظر من شملهم الاستفتاء. إذ اعتبرت نسبة 30.8 % فقط تحقيق الرغبات الجنسية هو العامل الأهم في ديمومة زواجهم وجاؤوا بعد عامل "اللطافة وروح المداعبة" الذي جاء في المرتبة الرابعة وصوّتت له نسبة 47 % كأهم عامل في العلاقة.

وفي مجتمع قالت دراسة سابقة إن ثلث متزوجيه يخون ثلثيه الآخرين، جاء عامل "الصراحة والاستقامة" في المرتبة الثانية وصوت له نسبة 57.2 % ممن شملهم الاستفتاء. كما صوت 51 % ممن يعيشون في زيجات دائمة إلى جانب "المسؤولية والثقة" كأهم عامل لديمومة زيجاتهم.

هذا، وسبق لصحيفة "بيلد"، الشعبية الواسعة الانتشار، أن أجرت استفتاء بين قرائها يشي بتزايد رغبة خيانة شريك الحياة خلال فترة أعياد الميلاد والعام الجديد. واعترف معظم من شملهم الاستفتاء أنهم يفعلون ذلك من خلال صفحات التعارف على الإنترنت. وأعطت الصحيفة 20 نصيحة عن أفضل الطرق لتجنّب "الخيانة الزوجية" في هذه الفترة الباردة من السنة.

الرجال وممارسة الجنس .. البقاء ليس للأسرع[3]

30 في المائة من الرجال يعانون من المشكلة

الولايات المتحدة الأمريكية (CNN)

رغم أن "**سرعة القذف**" عند الرجال غالبًا ما تكون موضع نكات كثيرة، إلا أنها مشكلة جدية، وليست مادة للضحك، إذ يعتبر

---

[3] سي إن إن أرابيك – 29 أكتوبر 2010 – الرابط:

http://archive.arabic.cnn.com/2010/scitech/10/
/29/Men.Sex.PE

خبراء أنه أحد أكثر أنواع المشاكل الجنسية انتشارا، مع وجود نحو 30 في المائة من الرجال يعانون منه.

ويقول إيان كيرنر المستشار في الأمراض الجنسية، ومؤلف كتاب **"التغلب على مشكلة القذف السريع"**، إنه حاول في كتابه **"توظيف أحدث البحوث للتمييز بين الشائعات والواقع، وتقديم نهج جديد للتغلب على مشكلة تؤرق الرجال ومنهم أنا."**

وقد ثار الكثير من الخلاف والنقاش في المجتمع الطبي حول تعريف مشكلة **"سرعة القذف"**، لكن التعريف الأحدث والأكثر قبولا على نطاق واسع بين الأطباء هو تعريف الجمعية الدولية للطب الجنسي.

وتصف الجمعية المشكلة بأنها **"خلل جنسي عند الذكور يتصف بالقذف الذي يحدث خلال الدقيقة الأولى من بدء الجماع، وعدم القدرة على تأخير القذف خلال عملية الإدخال المهبلي، والشعور بالتوتر والإحباط وتجنب العلاقة الحميمة، بسبب ذلك".**

ويقول كيرنر "إنه أمر مفهوم أن يكون من الصعب على الرجال التحدث عن تلك المشكلة، فمعظمهم لا يريد الاعتراف بأن لديه مشاكل جنسية من أي نوع، وخصوصا مسألة القذف السريع". وأضاف: "أن سرعة القذف يمكن أن تحدث لأي شخص، ولا يهم

العمر أو الخبرة الجنسية، وما كان يعتقد أنه نتيجة للقلق، فهو يشمل ليس فقط العوامل النفسية ولكن البيولوجية كذلك". مؤكداً أن هناك عدة طرق علاجية ومهارية للتغلب على المشكلة

في مسح أجري عبر الإنترنت: الفرنسيون "أبطال" الجنس([4])

باريس، فرنسا (**CNN**)

خلص مسح شمل 350 ألف شخص من مختلف أنحاء العالم، إلى أنّ الفرنسيين يعتبرون **"أبطال العالم"** في الجنس. وجاء في المسح الذي أجرته شركة **دوركس لصناعة الواقيات**، بواسطة الإنترنت، إلى أنّ معدل ممارسة الجنس في العالم يبلغ 103 مرات في العام، إلا أنّ الفرنسيين

---

[4] سي إن إن أرابيك – 4 أكتوبر 2004.

يمارسونه 137 مرة. ويحتل اليونانيون المركز الثاني، أي بمعدل 133 مرة، فالمجريون بمعدل 131 مرة.

وحسب المسح الذي غاب عنه العرب، تراجع أداء الأمريكيين من 132 مرة قبل أربع سنوات، إلى 111 مرة فقط حاليًا. ويحتل الآسيويون ذيل الترتيب، حيث لا يمارس اليابانيون الجنس سوى 46 مرة، في حين يمارسه السنغافوريون 79 مرة، حسب ما نقلته وكالة اسوشيتد برس.

أما البريطانيون فيتصدرون العالم من حيث مدّة ممارسة الجنس خلال المرة الواحدة، أي بمعدّل يبلغ 22.5 دقيقة، فيما يبلغ المعدل العالمي 19.7 دقيقة.

أما أسرع من يمارس الجنس في العالم فهم التايلانديون بمعدل سرعة يبلغ 11.5 دقيقة.

وثمة تساؤلات تطرح حول دقة المعلومات التي قدمها أولئك الذين شاركوا في المسح، إذ يشكك البعض في فاعلية ومصداقية الاستفتاء الذي يجري عبر الإنترنت وليس بشكل مباشر.

احتلت فرنسا المرتبة الأولى عالميًا من حيث ممارسة الجنس، وذلك وفقًا لبحث عالمي جديد أجري عن ممارسة الحب. ووجد بحث شمل ما

يزيد على 350 ألف شخص، وأجرته شركة "دوريكس" المصنعة للواقي الذكري، أن المحبين في كافة أنحاء العالم يمارسون الجنس 103 مرات سنويًا، إلا أن الفرنسيين دافعوا عن سمعتهم الرومانسية بمتوسط معدل للممارسة بلغ 137 مرة.

وجاء اليونانيون والمجريون خلف الفرنسيين بمعدل ممارسة سنوي 133 و131 مرة سنويًا على التوالي. أما الأمريكيون الذين تصدروا الاستطلاعات في عام 2000، بمعدل ممارسة بلغ 132 مرة سنويًا، فإنهم هووا إلى منتصف القائمة بمعدل بلغ 111 مرة سنويًا، مما يرجح أن يكون قد حدث تغير في عاداتهم داخل غرف النوم أو في الطرق التي يستجيبون بها إلى البحث.

ويتساوى الأمريكيون مع الإسرائيليين فيما تفوقوا على الإسبان بمرة ممارسة سنوية إضافية. وتراجعت الدول الآسيوية في مجال ممارسة الجنس، حيث سجل اليابانيون 46 مرة ممارسة سنويًا، في حين حققت كل من هونج كونج وسنغافورة 79 مرة ممارسة.

وأوضحت روسي لودجي، المتحدثة باسم شركة "دوريكس": "في ظل إجراء البحث عبر الإنترنت فإنه بالإمكان أن يكون المشاركون في غاية الصراحة حول حياتهم الجنسية، ومن المحتمل أن يفوق ذلك

16

الصراحة التي يتمتعون بها مع شركائهم". وأضافت: "النتائج تظهر اتساع الطيف بالنسبة للخبرة الجنسية والاتجاهات السائدة عبر العالم، كما أن ارتفاع أعداد من شاركوا يظهر أن الأشخاص يرغبون بشكل متنامٍ في التحدث عن الجنس وعما يحبونه ولا يحبونه على وجه الدقة".

وتصدر البريطانيون القائمة فيما يتعلق بالمداعبات الجنسية، حيث يخصصون 22.5 دقيقة في المتوسط لذلك الأمر مقارنة مع المعدل العالمي البالغ 19.7. أما أسرع المحبين فهم التايلانديون الذين لا يستغرقون سوى 11.5 دقيقة في المداعبة.

ووجد البحث أن نصف عدد المشاركين كانوا أكثر قلقًا بشأن مرض الإيدز، عن أي مرض آخر ينتقل عبر الممارسات الجنسية. وأقرت نسبة 35 % من الاشخاص المشاركين في البحث بممارسة الجنس بطريقة تفتقر للحماية، ودون علمهم بالتاريخ الجنسي لمن يشاركونهم الفراش. وكان أكثر من يضربون بالتحذيرات عرض الحائط هم الدنمركيون والسويديون، حيث سجلوا نسبة 64 %، تلاهم اليابانيون والنرويجيون وسكان جنوب أفريقيا بنسبة 58 %.

التشيك يعانون من الضعف الجنسي[5]

الياس توما من براغ:

ذكرت مصادر صحية تشيكية أن نحو مليون رجل تشيكي يعانون الآن من الضعف الجنسي الأمر الذي يعني بأن كل خامس ذكر في البلاد لديه إشكالات في هذا المجال، لأن عدد سكان تشيكيا هو حوالي مليون ومئتي ألف نسمة أكثر من نصفهم من النساء.

---

[5] جريدة إيلاف الإليكترونية – 19 فبراير 2005 – الرابط:
http://elaph.com/Web/Health/2007/8/253018.htm

ويزيد من حدة هذه المشكلة حسب هذه الأوساط أن أقل من
10 % من هؤلاء الرجال يراجعون الأطباء لهذا السبب مع أن هذه
المشكلة تؤدي إلى فقدان الثقة بالنفس وإلى الإحباط وحتى إلى الانتحار
والإدمان على الكحول وتمنع الشباب من تأسيس العائلات.

ويؤكد الطبيب التشيكي كاريل كوتشي أن الضعف الجنسي
يمكن أن يكون في الكثير من الأحيان مؤشرًا على وجود مرض أكثر
خطورة في جسم صاحبه مثل تضييق الشرايين واستفحال مرض السكري
أو وجود ورم في البروستات، ولهذا فانه في حال مراجعة الطبيب في
الوقت المناسب فإن ذلك يمكن أن ينقذ حياته لأنه يتم البدء بمعالجة المرض
الخطير الذي لديه في وقت مبكر.

وتعترف **نقابة الأطباء التشيك** أن 20 % فقط من الأطباء
يسألون الرجال الذين تجاوزا سن الخمسين عاماً، فيما إذا كانت لديهم
مشاكل جنسية، فيما يخفي الكثير من الرجال لدى سؤالهم عن ذلك
وضعهم الحقيقي في هذا المجال.

وفي أسباب ظهور الضعف الجنسي لدى الرجال يقول أطباء من
العيادة الجنسية في **المشفى الجامعي في** براغ إن من العوامل السلبية التي
تلعب دورًا مؤثرًا في هذا المجال البدانة المفرطة وأسلوب الحياة غير الصحي

ومرض السكري وارتفاع ضغط الدم والكولسترول العالي إضافة إلى المشاكل النفسية التي لا يمكن الاستهانة بها.

ويؤكد هؤلاء الأطباء أن الطب الحديث يمكن له أن يساعد بشكل جيد الرجال الذين يعانون من الضعف الجنسي، وأنه توجد أدوية عديدة فعالة في هذا المجال غير أنها لا تباع في الصيدليات سوى بناء على وصفة من الطبيب أما الأدوية التي تباع في الصيدليات بشكل حر فبعضها غير فعال والبعض الأخر فيه نواقص وعيوب عديدة، ولذلك سحب بعضها من التداول مؤخراً.

ويؤكد الدكتور اوندرجيه ترويات من **العيادة الجنسية في براغ** أن مسالة الضعف الجنسي في تشيكيا تحظى باهتمام كبير لدى الأوساط الطبية المتخصصة بالنظر لأهمية هذه الظاهرة وأبعادها الصحية والنفسية والاجتماعية. وكشف عن أنه سيتم في الصيدليات والعيادات الطبية المتخصصة مجاناً طرح نوع جديد من اللصقات الخاصة في نهاية هذا الشهر تسمح باختبار المقدرات الجنسية للرجال.

وستكون هذه اللصقات مصنوعة وفق نفس مبدأ الطوابع البريدية، أي تتألف من قطعة ورقية عليها نوع من الصمغ الخاص وتلف هذه القطعة ليلاً حول العضو الذكري وفي حال كون الرجل بوضعية

جيدة جنسياً، فان هذه اللصقة تكبر ثم تتقطع أما في حال عدم حصول ذلك فإن على الرجل أن يراجع الطبيب، لأن ذلك سيكون مؤشرًا على أنه يعاني من الضعف الجنسي وبالتالي إمكانية وجود مرض خطير لديه.

أهلاً في فحولة مطلقة..

اكتشف معنا كيفية الحفاظ على خصوبتك

أصبح الحديث عن خصوبة الرجال يثير الأقاويل في الأوساط الطبية، خصوصاً عندما يتعلق الأمر ببعض الأشياء التي يصعب للرجال السيطرة عليها، وقد وجدت دراسة علمية حديثة أن تناول الأطعمة الغنية بمضادات التأكسد تزيد خصوبة الرجل. وأكدت الدراسة أن الذكور الذين تعتمد حميتهم الغذائية على معدلات عالية من الفواكه والخضر الغنية

بالمواد المضادة للتأكسد، يتميزون بقذف كميات كبيرة من السائل المنوي وأن نطفهم أكثر تركيزاً وحركة، عن نظرائهم من يعتمد غذائهم على اللحم ومنتجات الألبان الكاملة الدسم.

واستندت الدراسة وشاركت فيها عدد من الجامعات الإسبانية، على استبيان شارك فيه 61 رجلاً: 30 يعانون من ضعف النطف، و31 آخرين يتمتعون بنطف طبيعية، وطولبوا بتحديد معدلات تناول 93 نوعاً مختلفاً من الأطعمة، ولم يتناول المشاركون أي فيتنامينات تكميلية، أثناء فترة الدراسة.

ووجدت الدراسة أن الفئة الثانية تناولت كميات وافرة من الأطعمة الغنية بالسعرات الحرارية، والألياف والمواد المضادة للتأكسد، وفيتامين **"سي"** عن نظرائهم الذين يعانون من ضعف النطف.

وأوضح الباحث جيمي مينديولا من **جامعة "مورسيا"** الذي قاد البحث، أن تحسين النطف يكمن في البدء بتناول أطعمة غنية بالمواد المضادة للتأكسد.

وأكد الباحثون أن المواد المضادة للتأكسد هي عناصر صحية تتواجد في بعض الأطعمة والمشروبات، وتلعب دوراً فعّالاً في حماية خلايا الجسم من التأكسد، وهي تشكل دور الدرع الواقي لخلايا الجسم،

فتحميها من العوامل البيئية المضرة وتحمي الجسم من الأمراض كأمراض القلب.

وتتواجد المواد المضادة للتأكسد "مثل الفيتامينات **A, E, C** و**Carotene Beta**" في مختلف الأطعمة خاصة" في الفاكهة والخضار الملوّنة، بالإضافة إلى المكسرات والبذور.

الأخضر يكسب

الجرجير من النباتات الخضراء المعروفة قديماً، والعرب أول من عرفوا الجرجير ووصفه أطباؤهم بأن شرب عصير أوراقه وأكل بذوره يقوى الجنس ومدر للبول وهاضم للطعام وملين للأمعاء، ويحتوى الجرجير على نسبة عالية من فيتامين "أ" والحديد والألياف النباتية.

والجرجير طبقاً لرأى الأطباء العرب يهيج الشهوة الجنسية جداً وهو يحركها ويقوى على الممارسة الجنسية والخس من الخضراوات الورقية، وهو من أفضل الأغذية كمقو للقدرة الجنسية، ويسمى عند بعض الشعوب القديمة "**نبات الخصوبة**". يحتوى الخس على فيتامين "ج" وهو فيتامين الخصوبة، حيث يفيد كثيراً في علاج العقم عند الرجال وله أهمية كبرى في تكوين السائل المنوى الذى تسبح فيه الحيوانات المنوية.

والبقدونس من النباتات المعروفة ومن التوابل المشهورة وهو يحتوى على العديد من الفيتامينات الهامة. وذلك بالإضافة إلى بعض الأملاح المعدنية الهامة كالحديد والكالسيوم والماغنسيوم، إضافة إلى الزيوت الطيارة، زيت البقدونس يفيد أيضاً في علاج حالات الضعف الجنسي.

أشعة الشمس تزيد خصوبة الرجال

كما أكدت دراسة بريطانية حديثة ان أشعة الشمس تزيد من خصوبة الرجال بدرجة كبيرة. وأوضح العلماء في مركز **دارموث/ هيتشكوك الطبي** بمدينة نيوهامبشير البريطانية، أن قدرة الرجال على إنجاب الأطفال قد ترتبط بفيتامين "د" الذي ينتجه الجسم من أشعة الشمس، وأن نقص هذا الفيتامين قد يساهم في إصابة الرجال بالعقم.

ونصح العلماء الرجال بضرورة الإكثار من تناول أغذية غنية بفيتامين "**د**" كالحليب والأسماك والبيض، لأن ذلك يزيد من عدد الحيوانات المنوية ونشاطها.

عرق الرجال يزيد خصوبة النساء

جاءت دراسة أمريكية حديثة لتؤكد أن رائحة العرق الصادرة من إبط الرجال تشعر السيدات بالهدوء والاسترخاء، كما أنها تؤدى لتحسين الخصوبة لدى السيدات. وأشار جورج برتي الذي قاد هذه الدراسة، إلى أن إبط الرجال يحتوي على فيرمونات نشطة فيزيائياً تستطيع تغيير السلوك والتأثير في المخ.

وقام برتي بتعريض متطوعات لفيرمونات مركزة مأخوذة من عرق إبط رجل، لمدة ست ساعات وتم قياس تأثيرها على دورة الطمث لدى السيدات. وأظهرت النتائج أن النساء قد انضبط ميزان مزاجهم وتمتعوا بالهدوء والاسترخاء لمدة 6 ساعات، كما بينت أن هناك شئ ما في العرق يصفى مزاج النساء ويساعدهم على عدم الشعور بالقلق، كما أظهر تحليل الدم ارتفاع في معدلات إنتاج هرمون "اللوتيزينج" الذى يتدفق قبل الأباضة "خروج البويضات من الرحم".

ومن المعروف أن المخ يطلق هرموناً لإفراز مادة "اللونين" في نبضات أو دفعات وتزيد هذه الإفرازات وتتعاقب بشكل أسرع عند المرأة عندما تقترب فترة التبويض وعندما شمت المتطوعات فرمونات إبط الرجال سارعت هذه الرائحة بوصول الدفعة الثانية أو النبضة الثانية من

"**اللونين**"، الذي يعني تسريع فترة التبويض عند السيدات، وأضافوا إنهن شعرن بانخفاض التوتر والاسترخاء بعد شم هذه الرائحة.

ويؤكد خبراء الصحة العامة أن التعرق يساعد في تحسين التنفس، فمن يتعرق قليلاً يتمتع بنشاط إفرازي ضعيف للغدد الدمعية في العين والغدد اللعابية في الفم وقد يعاني من مشاكل في التنفس عند قيامه بنشاط رياضي مرهق كممارسة الرياضة، وعلى العكس يقي التعرق وإفراز اللعاب أثناء ممارسة الرياضة من الربو.

وأشار الباحثون في **جامعة ميتشيجن الأمريكية**، إلى أنها المرة الأولى التي يتم من خلالها تحديد علاقة بين درجة إفراز اللعاب والعرق من جهة واحتمال التعرض لنوبات من الربو الناجم من التعب من جهة أخرى.

أطعمه تزيد من رومانسيتك

التفاح .. إذا كان التفاح يغني عن الذهاب إلى الطبيب فإنه قد يغني أيضاً عن الفراق والخصام لأنه يحتوي على مادة "**الكيرستين**" التي تقاوم تراكم الكوليسترول الضار على جدران الأوعية الدموية فتسهم بالتالي في تنشيط الدورة الدموية وتجديد حيوية الجسم.

الأسماك الدهنية .. الأسماك الدهنية مثل التونا و السالمون والماكريل تحتوي على الأحماض الأمينية "أوميجا 3" التي تزيد من الخصوبة والطاقة، كما تحتوي على المغنيسيوم الذي يعمل على توازن الهرمونات وراحة عضلة القلب وزيادة حيوية الجسم لأنه يزيد من إفراز هرمون التسترون كما، تحتوي تلك الأسماك على الزنك المهم لزيادة الخصوبة والطاقة.

اللحوم ..

لا تبتعد عن اللحوم الحمراء و لكن تناول منها القليل الذي يزيد من الحيوية والطاقة والرغبة، كما أن اللحوم الحمراء غنية بالفيتامينات مثل فيتامين "ب 6" و"ب 21" وهي تنظم الهرمونات وخصوصاً مستويات هرمون "التيسترون"، كما أنها تحتوي على مقادير من الزنك.

الشوكولاته ..

ارتبطت الشوكولاته بالحب والغرام، وأصبح كل حبيب يحرص على إهداء حبيبته قطعة من الشيكولاته تذوب في فمها فيذوب معها

وجداً وهياماً .. وتحتفظ جولييت بغلاف الشيكولاته التي أهداها لها حبيبها الغالي .. وفي الحقيقة فإن الشيكولاته وخصوصاً السمراء أو الداكنة غنية بالمغنيسيوم الذي يفيد النساء والفتيات في التقليل من أعراض ما قبل الدورة الشهرية كما تحتوي أيضاً على حمض أميني يسمى: **"الفينيل ألانين"**. الذي يفيد في رفع الروح المعنوية وتحسين المزاج و زيادة الشوق والحب.

العدس ..

مصدر غني بالبروتين النباتي يزود الجسم بالطاقة ويزيد من الرغبة في الحب لذلك إذا شعرت ببرود عواطف زوجك أو حبيب القلب أدعيه إلى وليمة من العدس على ضوء الشموع .. وتحيا الرومانسية!

فالعدس غني بالمعادن التي تزيد الرغبة مثل المنجنيز والزنك والكالسيوم والمغنيسيوم .. تلك العناصر التي تزود الجسم بالطاقة اللازمة حتى يصبح الحبيب.

معرفة فترة الخصوبة

بطريقة طبيعية وبعيدة عن حسابات الأطباء يستطيع الرجل معرفة فترة خصوبة زوجته الشهرية، وذلك عن طريق الروائح الجذابة التي تنبعث من النساء في تلك الفترة، هذا ما أكده تقرير لعلماء تشيكيين.

وأشار فريق بحثي بقيادة عالم الأنثروبولوجيا جان هافليسك من جامعة تشارلز في العاصمة التشيكية براج، أن الرائحة الأكثر جاذبية والأقل حدة من تحت الإبط تنبعث خلال فترة الخصوبة.

وقد قام البحث على طريقة بسيطة لتقصي فترة الخصوبة عند البشر إلى الإبط، وأخذت عينات للشم من 12 امرأة تتراوح أعمارهن بين 19 و27 عاماً.

من قطع من القطن وضعت تحت إبطهن ثلاث مرات مدة كل منها 24 ساعة خلال دوراهن الشهرية، وطلب من 42 رجلاً تتراوح أعمارهم بين 19 و34 عامًا أن يقيموا الروائح طبقا "لشدتها وجمالها وجاذبيتها"، فتبين أن رائحة النساء خلال فترة الاخصاب كانت "الأقل حدة والأكثر جاذبية".

وأوضح العلماء أن "الرجال يمكنهم استخدام الشم كآلية لمتابعة فترة الدورة الشهرية في شريكات العملية الجنسية حالياً أو مستقبلاً".

<u>عوامل تؤثر على خصوبة الرجال والنساء</u>:

أسلوب ونمط الحياة :

- ضغوطات الحياة : مثل القلق والانفعالات والارهاق والسفر المتكرر والرغبة في انجاب ولد بسرعة ...... إلى آخره، قد يفسد العلاقات الزوجية وقد تؤثر سلباً في الحياة الجنسية والانجاب.

- الثياب الغير مناسبة : لوحظ ان ارتفاع حرارة الخصيتين تحدث اضطرابًا في تكوين الحيوانات المنوية عند الرجل ، فحرارة هذه المنطقة كما خلقها الله هي 34 درجة مئوية في حين أن حرارة الجسم هي 37، ولذا فإن البنطلونات الضيقة مثل الجينز والسراويل والثياب الداخلية الضيقة تقرب الخصيتين من الجسم فتزيد من حرارتهما وتقلل عندئذ من كمية الحيوانات المنوية ومن نوعيتها.

ولا شك أن الثياب كلما كانت من القطن وواسعة ومريحة كلما تخلصنا من التأثيرات من هذا الجانب.

<u>التغذية الخاطئة</u>:

- أسلوب التغذية: هناك علاقة وثيقة بين التغذية والخصوبة، وقد لوحظ في دراسات عديدة أن تناول أغذية غير متناسقة مع المجهود الجسدي، خاصةً لدى إجراء الحمية التنحيفية أو بذل مجهود رياضي كبير قد تكون من أسباب اضطرابات في المبيض.

- زيادة الوزن: السمنة من العوامل التي قد تؤدي إلى اضطرابات في الدورة الدموية عند النساء واضطرابات في التكوين المنوي عند الرجال. .... ولكن يمكن أن تزول هذه الاضطرابات مع تخفيف الوزن.

- تناول القهوة والمشروبات الغازية: أن فنجان واحد من القهوة قد يكون مفيداً ومنشطاً للرجال قبل العملية الجنسية، لكن حذار من الإغراق في المشروبات التي تحتوي على الكافيين كالقهوة والشاي والمشروبات الغازية فإنها تقلل من خصوبة الجنسين وتؤخر الإنجاب.

- الدخان: قد يكون الدخان مسؤولاً عن انخفاض جودة المني عند الرجل وتأخير الحمل عند المرأة.

- الكحول والمخدرات: لوحظ أن الخمر يؤدي إلى انخفاض الشهوة الجنسية على المدى الطويل، وإلى اضطرابات في القذف عند الكحوليين المدمنين.

- معلبات الأطعمة المحفوظة: وفقاً لدراسات حديثة، فقد تبين أن المادة التي يطلى بها المعلبات من الداخل لها تأثيرات مشابهة للهرمونات الأنثوية، فهي لها تأثير سلبي واضح على خصوبة الرجال، فإذا كان لابد من الأغذية المحفوظة فلتكن التي تحفظ في الأوعية الزجاجية لا المعلبات.

- التلوث: يؤثر التلوث الحاصل في الجو المحيط والمياه على الخصوبة لكلا الجنسين، حسبما أفادت دراسات متخصصة في هذا المجال.

<u>المهن وتأثيرها على الخصوبة:</u>

- الجو الحار في العمل له تأثيره الواضح على خصوبة الرجال بالذات، فبعض الحرفيين مثل الخبازين والطباخين وعمال ومهندسي مصانع الحديد وما يشابهها والذين يتعرضون لمصادر

33

حرارية شديدة قد تضر بخصوبتهم وعليهم اتخاذ تدابير وقائية خاصة لذلك.

- الجلوس الطويل في المكتب أو في السيارة يسبب مشاكل في الخصوبة ويسببان التأخير في الإنجاب.

- التعرض للمعادن وبعض الأدوية: مثل الرصاص، الكاديوم، الزئبق.

- ساعات الدوام: النساء اللاتي يعملن في المهن ذات الدوام المتغير أو الدوام الليلي تكثر عندهن الاضطرابات في الدورة الشهرية ما يؤثر على خصوبتهن.

البريطانيون يفضلون ألعاب الفيديو على زوجاتهم[6]

كشفت دراسة جديدة نشرتها صحيفة **"ديلي ميل"** أن البريطانيين يفضلون ألعاب الفيديو على زوجاتهم، وتسبب هوسهم بهذه الألعاب في ارتفاع حالات الطلاق بين صفوفهم.

---

[6] الموقع الإليكتروني لجريدة الاتحاد الإماراتية (الاتحاد نت)– الأربعاء 1 يونيو 2011 – الرابط:

http://www.alittihad.ae/details.php?id=5
2552&y=2011

وجدت الدراسة أن المزيد من النساء يرفعن قضايا طلاق من أزواجهن بحجة أنهم يقضون أوقاتاً طويلة على ألعاب الفيديو تصل إلى أكثر من خمس ساعات في اليوم حسب صحيفة "الرياض".

وقالت إن 15 بالمائة من الزوجات اللاتي اشتكين من السلوك غير المعقول لرجالهن بسبب ألعاب الكمبيوتر، يعتقدن أن شركاء حياتهن يفضلن هذه الألعاب عليهن، بالمقارنة مع العام الماضي.

وأضافت الدراسة أن الزوجات الساخطات حمّلن على وجه الخصوص المسؤولية على لعبة: **"عالم الحروب"** التي تسمح للاعبين ابتداع شخصية خيالية من بنات أفكارهم لمغامرات الخيال الأسطوري، ولعبة: **"نداء الواجب"**، والتي يخوض فيها اللاعبون معارك في مختلف مناطق الحرب.

وأشارت إلى أن الكثير من الزوجات اشتكين من أن أزواجهن يقضون أكثر من خمس ساعات في اليوم على ألعاب الفيديو، ودفعن هذا الإدمان على ترك أزواجهن وطلب الطلاق لاحقاً.

وعزت الدراسة أسباب ادمان الرجال على ألعاب الفيديو إلى بقائهم في منازلهم فترات طويلة بسبب الكساد، أو استخدامها كوسيلة للهروب من علاقة غير سعيدة.

5 فروقات في نظرتي الرجل والمرأة إلى الجنس! [7]

المرأة لا تتقبل الجنس وتتفنن فيه إلا بعد أن تتبادل الحب مع ذلك الشريك

الرياض – شيماء إبراهيم

[7] موقع مجلة سيدتي – الخميس 15 مايو 2014 – الرابط:

http://www.sayidaty.net/node/180636/%D8%A3%D8
%B3%D8%B1%D8%A9-
%D9%88%D9%85%D8%AC%D8%AA%D9%85%D8%B9/%D8%B
9%D9%84%D8%A7%D9%82%D8%A7%D8%AA-
%D8%B2%D9%88%D8%AC%D9%8A%D8%A9/5-
%D9%81%D8%B1%D9%88%D9%82%D8%A7%D8%AA-
%D9%81%D9%8A-
%D9%86%D8%B8%D8%B1%D8%AA%D9%8A-
%D8%A7%D9%84%D8%B1%D8%AC%D9%84-
%D9%88%D8%A7%D9%84%D9%85%D8%B1%D8%A3%D8%A9
-%D8%A5%D9%84%D9%89-
%D8%A7%D9%84%D8%AC%D9%86%D8%B3

أثبتت الدراسات أن الشخص السعيد في حياته الجنسية هو شخصية منجزة وفعالة 3 أضعاف الشخص غير السعيد في حياته أو غير راضٍ جنسياً.

والرضا الجنسي مرحلة من السعادة تأتي تماماً بعد أن نعي ما نحتاجه جنسياً وما يحتاج إليه الشريك، وجميعنا نعي جيداً ما نحتاج إليه حتى نشعر بالرضا في العلاقة الحميمة، لكن ما يصعب علينا تقديره هو ما يرضي الشريك، لذا وجب علينا معرفة أهم الفروق في نظرة الرجل والمرأة للجنس، ودوره في حياة كل منهما، وما قد يصل بكل طرف إلى أقصى درجات الاستمتاع، حتى نتمكن من الوصول إلى الرضا جميعاً، وهو ما ستخبرنا حوله المستشارة الأسرية أسماء حفظي، حيث تقول: **"يجب أن نعرف أن دماغ الرجل والمرأة لم يطرأ عليه أي تغيير منذ عصر الصيد، وأن الإنسان الحالي هو وريث رجل الكهف الصياد، والمرأة هي وريثة امرأة المغارة، وهما يحملان في داخلهما برمجة خاصة في القدرات العقلية والسلوكية، وهي برمجة متباينة وليست أفضل أو أسوأ، ولا يمكنهما الفكاك من جلدهما ومن بنيتهما الوراثية".**

وسنستعرض معاً أهم خمسة فروق بين نظرة المرأة ونظرة الرجل للجنس في ما يأتي:

- أولاً: المرأة لا تتقبل الجنس وتتفنن فيه إلا بعد أن تتبادل الحب مع ذلك الشريك ويمس قلبها وتشعر بالألفة معه، فالمرأة حين تحب تعطي الرجل علاقة مميزة لن يجد لها مثيلاً، أما إذا لم تستشعره يجدها محنطة أمامه من دون فعل أو رد فعل، ولكن الجنس لدى الرجل لا ينبع عن الحب، فقد يكون الجنس أولاً ثم يأتي الحب.

- ثانياً: أغلبية الرجال يرغبون في علاقة لليلة واحدة كنوع من التغيير أو الاستمتاع العابر، أما النساء فالجنس لديهن بداية لعلاقة مستقبلية تأتي بعدها تطورات أكثر تعقيداً وحياة جديدة.

- ثالثاً: إثارة الرجل تعتمد على مشهد أو صورة جنسية تقوم بها المرأة أو يتخيلها، أي أنه يمكن الوصول إلى الإثارة بشكل متفاوت في كل الأوقات، أما المرأة فالإثارة لديها تتوقف على موعد دورتها الشهرية وما قبلها أو بعدها.

- رابعاً: ضعف الاستجابة للتحفيز البصري، فردود أفعال النساء أضعف عليه، وعلى سبيل المثال يستمتع الرجال بمشاهدة المواقع الإباحية كثيراً بينما قلة من النساء يستمتعن بهذه الإثارة.

- خامساً: يعتقد كل الرجال أن أي تماس يجب أن يؤدي إلى الجنس في نهاية الأمر، وقد نفاجأ حين نعرف بأن هذا غير صحيح، فهناك نساء يرغبن فقط بالتماس العاطفي، وأحياناً يكون هذا على

مقدار كبير من الأهمية بالنسبة لهن، ومن يدري فربما تبلغ المرأة الجنس باطمئنان أكثر بعد هذا التماس.

بغية الوصول إلى ثقافة جنسية محمية:

أطباء يتطوعون للترويج للواقي الجنسي في أوساط الطلبة[8]

أصبحت معظم الأحياء الجامعية في ولاية وهران، وعلى فترات مختلفة، تعرف جولات يقوم بها عدد من الأطباء الشباب المتطوعين من أجل زرع ثقافة جنسية محمية في أوساط الطلبة وذلك بغرض دروس وتطبيقات حول الموضوع بمختلف جوانبه بطريقة علمية يحرص القائمون عليها التركيز على سبل الحماية أثناء العملية الجنسية، والتي تعتمد في

[8] جريدة البلاد الجزائرية – الأحد 22 مارس 2009.

جانب منها على استعمال أداة الواقي الذكري الذي لا يشيع استعماله كثيرًا حتى في الدول الغربية إلى جانب ارتفاع ثمنه.

كما حرص الأطباء على منح الطلبة شرحا مستضيفا عن مختلف الأمراض المتنقلة عن طريق التواصل الجسدي في مقدمتها: **السيدا، الزهري، السفلس، والسيلان**، والتي هي أمراض واضطرابات تصيب الجهاز التناسلي وتنتشر بالعدوى عن طريق الاحتكاك الجنسي.

وقد راعى القيّمون على العملية ضرورة إقناع الطلبة باستعمال الواقي تجنبًا لانتقال هذه الأمراض. وفي الجهة المقابلة يؤكد الأطباء العاملون **بمصلحة الأمراض المعدية** في المستشفى الجامعي أن داء السيدا الذي بات يتفشى بشكل رهيب لا يحول دون الإصابة به وسائل الحماية المستعملة، إذ إن فيروس نقص المناعة الملتبسة ينتقل عن طريق اللعاب حتى وإن كان في الأمر اختلاف ما بين المدرسة الفرانكفونية والأنجلوساكسونية التي تؤكد ذلك.

من جهتهم أبدى الطلبة استحسانهم لهذه النشاطات التي حسبهم كسرت طابو الجنس. وأوضحت العديد من المبهمات لديهم إضافة إلى إحساسهم بالأمن تجاه المعلومات التي تلقوها داخل حرم الإقامة ومن قبل مختصين. إلا أن الموضوع من زاوية أخرى يشكل دافعًا وتشجيعًا وضوءًا

أخضر لممارسة الجنس والدخول في مثل هذه العلاقات، ما دام الواقي يشكل الحماية من أي خطر، إضافة إلى توفره في الصيدليات وبأثمان بسيطة إلى جانب عدم وجود رقابة على اقتنائها من أي جهة. تجدر الإشارة إلى أن المعنيين بالنشاط المذكور أعلاه عمدوا في نهاية اليوم إلى تقديم كميات كبيرة من الواقي الذكري على الطلبة، وهو أمر من شأنه أن يسهل فكرة خوض غمار العلاقات الجنسية التي ستكون غير شرعية إلى حد كبير ما دامت في أوساط طلبة.

وعلى العموم فإن فكرة اقتناء مثل هذه المنتوجات سلوك ينم عن وعي وثقافة فيما يخص جسم الإنسان، فهو في الأخير أداة للحماية واستبعاد احتمالات الإصابة ببعض الأمراض.

ارتفاع كبير في نسبة النساء الراغبات في إجراء تعديلات على أجزاء حميمة في أجسادهن[9]

نيويورك:

ذكر تقرير طبي أن العديد من مراكز التجميل الغربية باتت تتلقى طلبات متزايدة لقطاع جديد من الزبائن يتألف النساء الراغبات في إجراء تعديلات على الأجزاء الحميمة في أجسادهن، وذلك لأسباب تجميلية أو لدوافع متعلقة بالمتعة الجنسية، ولكن خبراء حذروا من اتساع رقعة هذه الممارسات التي قد لا يكون لها بالفعل ما يبررها طبياً، مذكرين بأن ذلك

---

[9] الموقع الإليكتروني لقناة العربية على الانترنت (العربية نت) – الخميس 21 يناير 2010.

قد يجعل هذا النوع من العمليات يدخل في إطار التعريف القانوني الذي وضعته **منظمة الصحة العالمية** لتشويه الأعضاء التناسلية الأنثوية، على غرار عمليات ختان النساء.

ويحفل موقع **"ميك مي هيل"** المختص بالجراحة التجميلية بصور لفتيات تعرض صور أعضائهن الأنثوية، ويطلبن استشارات حول حاجتهن لعمليات مماثلة.

ودفع انتشار هذه العمليات إلى ظهور مجموعات رافضة لها، وفي مقدمتها منظمة **"وجهة نظر جديدة"** التي قامت بمسيرة احتجاجية خارج مركز جراحات المهبل في نيويورك قبل أيام، تحت شعار **"لا فرجين متماثلين"**، حيث ارتدت مجموعة من ناشطات المنظمة ثياباً تنكرية على شكل فرج.

وتقول المنظمة، التي ظهرت عام 2000 بعد طرح عقار **"فياجرا"** الجنسي للرجال إنها تعارض **"طب الجنس"**، كما ترى بأن الجراحات تقدم مفهوماً مغلوطاً يوحي بضرورة وجود شكل واحد للعضو الجنسي عند المرأة، وفقاً لمجلة تايم.

ويبلغ عدد النساء اللواتي يطلبن إجراء جراحة في فروجهن قرابة ألف سيدة سنوياً في الولايات المتحدة و800 في بريطانيا، ويرتفع هذا

45

الرقم بمعدل 20 في المائة سنوياً، وتكلف العملية قرابة خمسة آلاف دولار، وتشمل العمليات إعادة تشكيل الفرج وتقليص حجم البظر وتضخيم نقطة المتعة "G" وترميم غشاء البكارة.

وتقول الدكتورة سوزان كولب، إن الجراحات التي تطلبها النساء تمنحهن القدرة على التحكم بحياتهن الجنسية، وتوضح بالقول: "**يمكن للبظر الكبير أن يسبب ألماً عند الممارسة الجنسية أو خلال الرياضة .. لذلك، فالأمر من وجهة نظري له آثار صحية**".

ولكن أراء الدكتورة كولب ليس موضع إجماع، فالعام الماضي، أصدرت **الكلية الأمريكية لطب النساء والولادة** تحذيراً قالت فيه إن عمليات التجميل هذه قد تتسبب بمخاطر خلال الولادة وتخفف من متعة الجنس. وذلك بالإضافة إلى أمور نفسية، على رأسها أن نشر صور الفروج التي خضعت لعمليات تجميل قبل العمليات وبعدها، كما تدرج المواقع الإلكترونية على فعله، يعطي انطباعاً بأن الفرج الذي خضع للعملية "**غير طبيعي**" مع أن الأعضاء الأنثوية تختلف في الواقع كاختلاف بصمات اليد، فلكل امرأة عضو مميز.

ويحذر لعض المتابعين بأن عمليات تعديل شكل الفرج للتجميل قد تدخل في إطار تعريف **منظمة الصحة العالمية التابعة للأمم المتحدة** لما

تعتبره "تشويهاً للعضو التناسلي الأنثوي" إذ أن هذا الوصف ينطبق، برأي المنظمة، على "**كل عملية تبديل أو جرح مقصود للأعضاء الأنثوية دون أسباب طبية**".

وتقول تيا بيان أمي، المدير التنفيذية للجنة "**المساواة الآن**" التي تعنى بحقوق النساء، إن استمرار هذه العمليات سيضر بجهود وقف بعض الممارسات الطقسية المنتشرة في مناطق من أفريقيا، وخاصة ممارسة ختان الفتيات

من أجل الجنس .. الرجال يموتون أسرع من النساء([10])

رغم أن أدمغة البشر في معظمها على حد سواء، إلا أن الفوارق بين الرجل والمرأة تجعل الأمر يبدو وكأنهما من عالمين متباعدين، إذ تشير دراسات جديدة إلى أن أجزاء محددة من دماغ الرجل، أكبر بنحو الضعف منها عند المرأة.

وفي المقابل، فإن "**مرآة نظام الخلايا العصبية**" في دماغ المرأة، أكبر منه وأكثر نشاطاً عند الإناث، بحيث يمكن للمرأة أن تتفاعل

[10] نشر في ديما أونلاين يوم 05 مايو 2012 الرابط:

https://www.turess.com/dimaonline/2626

بشكل طبيعي مع مشاعر الآخرين من خلال قراءة العواطف وتعابير الوجه، وتفسير نبرة الصوت والتعبيرات غير المسموعة.

ولعل أكبر فرق بين دماغ الذكر والأنثى، هو أن الرجال لديهم منطقة مسئولة عن الرغبة الجنسية أكبر بنحو مرتين ونصف من الإناث، ليس ذلك فحسب، بل في بداية سن المراهقة، فإن أجسام الذكور تنتج 200 إلى 250 في المائة من هرمون "التستوستيرون"، وهو أكثر مما يفرزونه خلال مرحلة ما قبل البلوغ.

فمنذ الأزل أظهر الرجال استعدادهم للموت من أجل ممارسة الجنس، وهو جزء من عملية تطور لدى البشر، ما قد يشرح السبب في كون أمد حياة الرجل أقصر مقارنة بحياة المرأة، غير أن دراسة جديدة أظهرت أن الأحادية الزوجية والمساواة الاقتصادية قد تعكس هذه الظاهرة وتضمن حياة أطول للرجال.

وذكر موقع "لايف ساينس" أن دراسة نشرت في دورية "علم النفس في التطور" أوضحت أن الرجال تطوروا وهم مستعدون للمخاطرة بالموت من أجل ممارسة الجنس، وهذا عامل قد يفسر: لَم يموت الرجال أسرع من النساء في معظم دول العالم.

وأكد الباحث دانيال كروغر من **جامعة ميتشيجان**، طبقاً لما ورد بجريدة "**القدس العربي**"، أن أساس هذه الظاهرة هو عملية التطور والسعي إلى زرع الجينات في الأجيال المقبلة.

ومن ناحية التكاثر، يرى الرجال أنه لا بأس في الموت لأنه ما أن يتمّ عمله ثمة فرصة لسلالته في العيش.

وأكدت الباحثة آن كامبل من **جامعة دورهام** في انجلترا والتي لم تشارك في الدراسة، أن وجود أب في حياة الطفل يزيد من احتمالات نجاحه الاجتماعي والإنتاجي غير أن غياب الأم قد يكون مميتاً خاصة في بعض الدول النامية، ولذلك تطورت النساء بطريقة يتفادين بها الخطر الجسدي.

وفي غضون ذلك، يسعى الرجال إلى إثارة إعجاب النساء من خلال المخاطرة، وقد ظهر ذلك عبر التاريخ من خلال المشاركة في أعمال عنف لجذب النساء وقد يشمل اليوم إظهار بطاقات الاعتماد أو منافسة الآخر لفظياً.

خصوبة الرجال تتراجع بعد الأربعين:

كما أفاد باحثون فرنسيون بأن الأزواج الذين يحاولون إنجاب طفل عندما يتجاوز عمر الرجل 40 عاماً سيواجهون صعوبة أكبر في الحمل عما إذا كان أصغر عمراً. وأوضحت ستيفاني بيلوك وزملاء لها أن الأطباء يعرفون أن عمر المرأة يلعب دوراً أساسياً، لكن النتائج التي قدمت إلى **مؤتمر الجمعية الأوروبية للإنجاب البشري وعلم الأجنة** تشير إلى أن عمر الأب له تأثير أكبر مما كان معتقداً، ليس فقط في نتيجة التلقيح داخل الرحم أو على معدلات الحمل بل أيضاً على معدلات الإجهاض.

وأشار الباحثون إلى أن حدوث تراجع عام في عدد الحيوانات المنوية، وكفاءتها مع تقدم الرجل في السن يعد عاملاً، لكن حتى الآن لا يوجد دليل اكلينيكي يذكر على أن تقدم الرجل في السن له اثر كبير على الخصوبة.

وحلل الفريق الفرنسي عينات اخذت من اكثر من 21 ألف مما يسمى تلقيح داخل الرحم والذي يجري فيها غسل الحيوانات المنوية أو معالجتها في جهاز للطرد المركزي لفصلها عن السائل المنوي ثم تحقن مباشرة في الرحم.

وقال ايف مينيزو الذي شارك في هذه الدراسة إن الفريق فحص كفاءة الحيوانات المنوية ثم تتبعوا معدلات الحمل والاجهاض والولادة،

ووجدوا أن أثر الأبوة على الإجهاض أقوى بكثير عندما يتجاوز الاب الأربعين من العمر.

ويعزو الباحثون سبب ذلك إلى وجود صلة بين عمر الرجل واضمحلال الحامض النووي **"دي إن إيه"** بالحيوانات المنوية والتي تتسبب في تجزئته، واضافوا أن الحيوانات المنوية التي درسوها تظهر أن عينات كثيرة آخذت من الرجال الذين تزيد أعمارهم عن 40 تتسم بعيوب قد تسبب الإجهاض.

تأمين خصوبة الرجال .. مهمة علمية:

والدراسات التي تناولت هذا الجانب من خصوبة الرجال متعددة، فقد أكدت دراسة استرالية أن السن وأسلوب الحياة الراهن يؤثران على حالة الحيوانات المنوية وعلى فرص الرجل في أن يكون أباً.

وأشار كلارك من **جمعية الخصوبة الاسترالية**، إلى أن عدد الحيوانات المنوية في اختبارات الخصوبة لدى الرجال تكون في المستويات العادية، ولكن الأطباء يرون أن هناك

تشوهات في الحمض النووي لخلايا الحيوانات المنوية وهو المسؤول عن انخفاض الخصوبة. وأوضح كلارك أن هناك ارتباط بين عوامل أسلوب الحياة العصري مثل تعاطي الخمور والتدخين والزيادة المفرطة في الوزن وبين التشوهات في الحمض النووي **"دي إن إيه"**، مشيراً إلى أن هذا هو السبب في أن احتمالات أن تحمل امرأة في الثلاثينات في العمر من زوجها الذي تخطى الاربعين تنخفض للنصف وتقول إن الزوجين يتعين عليهما أن يفكرا في وقت مبكر في الإنجاب في السن التي تكون فيها الخصوبة في مستوياتها المثلى.

وعلى صعيد متصل، أكدت دراسة بريطانية أن أشعة الشمس تزيد من خصوبة الرجال بدرجة كبيرة. وأشار العلماء في **مركز دارموث — هيتشكوك الطبي** بمدينة نيوهامبشير البريطانية، إلى أن قدرة الرجال على إنجاب الأطفال قد ترتبط بفيتامين "د" الذي ينتجه الجسم من أشعة الشمس، وأن نقص هذا الفيتامين قد يساهم في إصابة الرجال بالعقم.

ونصح العلماء الرجال بضرورة الإكثار من تناول أغذية غنية بفيتامين "د" كالحليب والأسماك والبيض، لأن ذلك يزيد من عدد الحيوانات المنوية ونشاطها.

استطلاع: 6 % من الكنديين يفضّلون الشبكة العنكبوتية على الجنس[11]

تورونتو، 9 مايو (يو بي أي)

[11] جريدة الوفد المصرية – الأربعاء 9 مايو 2012 – الرابط:

https://alwafd.news/%D8%A7%D9%84%D8%B5%D9%
81%D8%AD%D9%87%20%D8%A7%D9%84%D8%A7%D
8%AE%D9%8A%D8%B1%D8%A9/208453-
%D8%A7%D8%B3%D8%AA%D8%B7%D9%84%D8%A7
%D8%B9-6-%D9%85%D9%86-
%D8%A7%D9%84%D9%83%D9%86%D8%AF%D9%8A
%D9%8A%D9%86-
%D9%8A%D9%81%D8%B6%D9%91%D9%84%D9%88%
D9%86-
%D8%A7%D9%84%D8%B4%D8%A8%D9%83%D8%A9-
%D8%A7%D9%84%D8%B9%D9%86%D9%83%D8%A8
%D9%88%D8%AA%D9%8A%D8%A9-
%D8%B9%D9%84%D9%89-
%D8%A7%D9%84%D8%AC%D9%86%D8%B3

أظهر استطلاع كندي جديد أن 6 % من الكنديين يفضّلون التخلي عن ممارسة الجنس على فقدان التواصل على شبكة الإنترنت.

وبيّن الاستطلاع الذي أجرته شركة "انغوس ريد" لاستطلاعات الرأي الشهر الفائت أن 34 % من المستطلعين قالوا إنهم سيتخلون عن الكحول في حال كان عليهم التضحية بشيء ما مقابل استخدام الإنترنت، فيما قال 6 % إنهم سيتخلون عن ممارسة الجنس بالشكل المعتاد مقابل الحصول على الإنترنت.

أما 31 % فقالوا إنهم مستعدون للتخلي عن الشوكولاتة، و27 % سيتخلون عن القهوة مقابل الإنترنت.

وأشار 4 % الى اهم سيتخلون عن الاستحمام، في هذا السبيل، و4 % قالوا إنهم سيختارون الإنترنت مقابل التواصل الشخصي مع الآخرين.

ولفت 98 % ممن شملهم الاستطلاع إلى أنهم يتواصلون بشكل دائم مع أفراد العائلة والأصدقاء على شبكة الإنترنت، و97 % قالوا إنهم يتابعون شريط الأخبار بشكل منتظم، فيما قال 94 % إنهم يستخدمون الإنترنت لمعاملات البنوك وإدارة الأموال، و93 % قالوا إنهم يبحثون

دائماً في ما يخص مسائل الصحة. وشمل الاستطلاع 1010 أشخاص من مستخدمي الهواتف الذكية، وبلغ هامش الخطأ فيه 3.1 %.

أفضل وقت لممارسة الجنس وحرق السعرات(12)

لن يعجبك.. لكن هكذا يقول العلم!

هل أنت ممن يكرهون وقت الصباح؟ ربما تغير رأيك بعد قراءة هذه الدراسة، إذ اكتشف الباحثون أن الوقت الأمثل لممارسة العلاقة الحميمية هو الصباح الباكر.

[12] موقع هاف بوست عربي – 15 أغسطس 2017 – الرابط:
http://www.huffpostarabi.com/2017/08/15/story_n_17756052.html

وفقاً للبحث، تعتبر الساعة السابعة والنصف صباحاً أفضل وقت لممارسة العلاقة الحميمية، لأنّ مستويات الطاقة تكون في أعلى حالاتها، بعد أن يَحظى الجسم بنومٍ جيد أثناء الليل، أي أننا جميعاً نمتلك قوةً جسدية أكبر في الصباح.

بالإضافة إلى هذا، يقول الباحثون إنّ إفراز هرمون الإندروفين بسبب ممارسة الجنس يُخفِّض ضغط الدم ويقلل التوتر، ما يُشعرنا بالنشاط لبقية اليوم.

وقد أجرى الباحثون، نيابةً عن شركة Forza Supplements للفيتامينات والمكملات الغذائية، دراسةً على الساعات البيولوجية لألف شخص، ثم استنتجوا الأوقات المثالية خلال اليوم للقيام بالأنشطة، بهدف "الاستمتاع بالحياة إلى الدرجة القصوى" في الصباح الباكر.

من أكثر "رومانسية وإخلاص" بين الرجل والمرأة؟!(13)

ثلث الرجال غير مخلصين

اعتدنا على أن النساء أكثر رومانسيّة من الرجال، ولكن دراسة أميركية كشفت حديثاً أن الرجال هم في الحقيقة أكثر "إحساساً" في العلاقة. ولكن السؤال هو: هل هم أكثر رومانسيّة مع الزوجة أو العشيقة؟

(13) جريدة النهار اللبنانية – 2 مايو 2013.

وكان الاستطلاع الذي نشره موقع التعارف **eDarling** قد أظهر أن الرجال عاطفيون أكثر، ونتيجة لدراسة استقصائيّة لـ 70 ألف مشارك في جميع أنحاء العالم، أسقطت العديد من الأحكام المسبقة وتم الكشف عن وجه جديد للزوج.

تمّ طرح أسئلة على 000،70 مشارك عبر استطلاع على الانترنت، تدور حول المحبة والحياة الزوجية والرفاه، بهدف تسليط الضوء على خطة الرجال الجديدة. وأظهرت النتائج "مفاجأة" للجميع:

○ الوقوع في الحب "من أول نظرة"، 48 ٪ من الرجال اعترفوا أنهم وقعوا في الحب مع شريكتهم الأولى مذ رأوها، في حين أن 28 ٪ من النساء اعترفن بالأمر.

ماذا عن الإخلاص؟

تبيّن في الاستطلاع أن ثلث الرجال غير مخلصين. فرغم كل المشاعر الطيبة، يبقى الرجل أكثر عرضة من النساء للخيانة.

في الواقع، فإن السؤال الذي طرح: **"هل أقمت أي علاقات جنسية خارج العلاقة الزوجية؟"** فاجأ الناس حيث:

- 33 ٪ أجابوا بنعم.
- 27 ٪ أشاروا إلى أنهم "يرضون" ببضع مرات في الشهر، في حين اعترف 17.5 ٪ أنهم نادراً ما يتمتعون بممارسة الجنس.

أما بالنسبة الى سر نجاح الزواج والعلاقة الدائمة، فأكد الجميع أنه يكمن في الحوار والتواصل.

المعاشرة الجنسية ... هل تكفي مرة في الأسبوع؟[14]

يقلق الرجال إذا تقدم بهم العمر من تدني قدراتهم الجنسية، فتقل تكرارية المعاشرة الجنسية عندهم. لكن دراسة نشرتها جامعة تورنتو

---

[14] موقع الإذاعة الألمانية (دويتشه فيلله) – 20 نوفمبر 2015 – الرابط:

http://www.dw.com/ar/%D8%A7%D9%84%D9
%85%D8%B9%D8%A7%D8%B4%D8%B1%D8%A9-
%D8%A7%D9%84%D8%AC%D9%86%D8%B3%D9%8A
%D8%A9-%D9%87%D9%84-
%D8%AA%D9%83%D9%81%D9%8A-
%D9%85%D8%B1%D8%A9-%D9%81%D9%8A-
%D8%A7%D9%84%D8%A3%D8%B3%D8%A8%D9%88
%D8%B9/a-18864510

ميسساغوا بكندا أثبتت أنّ لقاءً جنسيًا واحدًا في الأسبوع كاف لإيصال الإنسان إلى حالة الرضا الكامل.

ترتبط السعادة عند كثيرين بالمال وبمستوى ثروة الإنسان خاصة إذا اقترن ذلك بمرحلة مبكرة من عمره. ولكن تقريرًا نشره باحثون في **جامعة تورنتو ميسساغوا** بكندا **بمجلة سوشيال سايكولوجكل اند بيرسونالتي ساينس** ربط حالة رضا الإنسان بنشاطه الجنسي بالدرجة الأولى.

وخلص التقرير إلى أن من يمارسون الجنس مرة في الأسبوع راضون تمامًا عن حياتهم وأدائهم. وكلما تدنت تكرارية مرات المعاشرة تدنى مستوى الرضا عن النفس، أما إذا ازدادت تكرارية المعاشرة، فإن الرضا عن النفس لا يتزايد بحسب ما توصلت إليه نتائج الدراسة. هذه النتائج ترتبط بالمتزوجين تحديدًا، لكنها جرت على أشخاص دون النظر في مستوى أعمارهم، أو جنسهم، أو أعمار زيجاتهم.

ويميل كثير من الناس إلى الاعتقاد أن طول عمر العلاقة الزوجية وتجاوزها لعقد من الزمن يقلل إلى حد كبير من شوق الزوجين إلى المعاشرة، وهكذا يؤكد هؤلاء أنّ تكرارية اللقاءات الجنسية بين الزوجين تنخفض بشكل يتناسب عكسيًا مع تقادم عمر زيجتهما.

63

اعتمد الباحثون على ثلاثة مصادر لإنجاز دراستهم، فقد اعتمدوا أولاً على استطلاع يجرى في الولايات المتحدة الأمريكية منذ 40 عامًا، وهنا أجاب نحو 25 ألف مشارك عن الأسئلة التي تهم الباحثين، وهو الرضا البشري الناجم عن الحياة الجنسية.

في الجزء الثاني من الدراسة سأل الباحثون النفسانيون عن مستوى دخل الأشخاص ذوي العلاقة، وخضع لهذا البحث 335 شخصًا. وهنا خلصت الدراسة إلى أن انخفاض مستوى الرضا الجنسي يرتبط إلى حد كبير بانخفاض مستوى الدخل. في الجزء الثالث من الدراسة سأل المشاركون عن مدى رضاهم عن حياتهم، وعن مستوى تكرارية المعاشرة الجنسية في حياتهم. وأثبتت إجابات المشاركين مرة أخرى، أن الرضا يتصاعد حسب نوعية اللقاءات الجنسية وليس طبقا لزيادة تكرارها.

علماء النفس المهتمون بالجنس ينظرون إلى عوامل أخرى في المعاشرة الجنسية في العلاقة الزوجية، فهم لا يعترفون بوجود خلل في المعاشرة الجنسية ما لم تكن الفواصل بين اللقاءات الجنسية كبيرة وتكرارية اللقاءات متباعدة جدا. وفي هذا يقول المستشار في الشؤون الجنسية اندرو

جي مارشال لموقع تلغراف البريطاني: "اكتشفت في عيادتي أنّ من يمارسون الجنس مرتين في الأسبوع هم الأقلية، ومن يمارسونه ليلة السبت أو صبيحة الأحد هم الأغلبية".

ولكن تدني المعاشرة الجنسية إلى مستوى لقاء واحد كل ثلاثة أشهر أو أكثر يثير فعلاً انتباه المختصين ويؤشر لهم وجود مشكلة حقيقية بين الزوجين، لاسيما إذا أعرب أحدهما عن عدم رضاه عن هذا الوضع. بحث الجامعة الكندية الذي نشرته عدد من الصحف والمجلات الألمانية كشف أنّ أغلب المتزوجين يؤكدون أنهم يمارسون الجنس مرة في الأسبوع، مبينا أن هذا قد يكون هو المعدل المعقول الذي يناسب الجسد ووقع الحياة المعاصرة.

تعرف على الآثار السلبية لعدم ممارسة العلاقة الحميمة بانتظام[15]

كتب: أحمد عصام روّاي

[15] موقع مصراوي – الأربعاء 8 نوفمبر **2017** – الرابط:

http://www.masrawy.com/howa_w_hya/relationship/
details/2017/11/8/1186585/%D8%AA%D8%B9%D8%B1%D9%
81-%D8%B9%D9%84%D9%89-
%D8%A7%D9%84%D8%A2%D8%AB%D8%A7%D8%B1-
%D8%A7%D9%84%D8%B3%D9%84%D8%A8%D9%8A%D8%A
9-%D9%84%D8%B9%D8%AF%D9%85-
%D9%85%D9%85%D8%A7%D8%B1%D8%B3%D8%A9-
%D8%A7%D9%84%D8%B9%D9%84%D8%A7%D9%82%D8%A9
-
%D8%A7%D9%84%D8%AD%D9%85%D9%8A%D9%85%D8%A
9-
%D8%A8%D8%A7%D9%86%D8%AA%D8%B8%D8%A7%D9%8
5#Details-RelatedArticle

ذكر موقع "علم النفس اليوم – **Psychology Today**" أن عدم ممارسة العلاقة الحميمة بشكل منتظم يؤثر سلبياً على الزوج والزوجة، لأنه يشعرهما بالرفض فيما بعد، بالإضافة الى عدم الثقة المتبادل بين الطرفين.

ويكون أثر ضعف الثقة بالنفس يظهر في شكل توتر في التعامل، وسرعة في اشتعال المشكلات على أقل الأسباب وأتفهها. وأضاف موقع "**Health Line**" المعني بأمور الصحة الجسدية، أن عدم ممارسة العلاقة الحميمة بشكل مستمر ومنتظم يؤدي إلى انخفاض مستوى الهرمونات، مما قد يضعف فرصة الحمل لدى السيدات، ويعجل بمجيء سن اليأس.

وقال دكتور "**جمال فيرويز**" – طبيب نفسي –: إن أهمية الجنس تختلف من شخص لآخر تبعًا للتربية وطبيعة التفكير وضغوطات الحياة المختلفة، وحسب اختلاف الأهمية يختلف حجم الضرر النفسي البالغ من الرفض وانقطاع الممارسة وتباعد الفترات بينها، فمن الناس من سيتأثر بشدة ويبدو عليه الآثار السلبية، ومنهم من يستطيع تجاوز الموضوع والاستمرار في حياته بشكل سليم.

"الأوكسيتوسين" ... هرمون الحب الطويل[16]

في وقت ليس ببعيد كان اسم "أوكسيتوسين" يرد إلى مسامعنا عندما يتعلق الأمر بالمرأة والحمل والولادة والرضاعة، فهذا الهرمون الذي يفرزه الدماغ موجود بنسبة كبيرة عند النساء، ويلعب دوراً مهما لدى

---

[16] جريدة الحياة اللندنية ــ الخميس ١١ سبتمبر ٢٠١٤ ــ الرابط:

http://www.alhayat.com/article/594799/-
%D8%A7%D9%84%D8%A3%D9%88%D9%83%D8
%B3%D9%8A%D8%AA%D9%88%D8%B3%D9%8A
%D9%86-
%D9%87%D8%B1%D9%85%D9%88%D9%86-
%D8%A7%D9%84%D8%AD%D8%A8-
%D8%A7%D9%84%D8%B7%D9%88%D9%8A%D9
%84

الحامل والمرضعة، اذ يساعد على انقباضات الرحم لدفع الجنين وإتمام عملية الولادة، ويقلل من آلام الوضع، ويحد من النزف أثناء الولادة، ويحضّ على تقلص غدد الثدي لإفراز الحليب، كما يلعب دوراً عند غير الحامل من أجل دفع السائل المنوي إلى عمق الرحم. وهناك من يتهم هذا الهرمون بأنه السبب وراء إصابة بعض المرضعات بالنسيان لفترة وجيزة.

ونظراً إلى الوظائف الكثيرة التي يتولاها هرمون الأوكسيتوسين عند النساء فقد ظن بعضهم أن لا وجود لهذا الهرمون عند الرجال، لكن الحقيقة أنه حاضر بقوة عند كل الثدييات بدءاً من الأخطبوط، مروراً بالماشية وانتهاء بالإنسان، ذكراً كان أم أنثى، إذ كشفت البحوث الفيزيولوجية أن كميات كبيرة من الأوكسيتوسين تفرز قبيل القذف المنوي ما يساعد على انقباض المجرى التناسلي لطرح السائل المنوي إلى الخارج.

وثبت أيضاً أنه يحفّز العضو التناسلي الذكري جنسياً بإرسال إشارات إلى مركز "الهيبوتالاموس" القابع في الدماغ لإفراز المزيد من الأوكسيتوسين للمساعدة على القذف لحظة حدوثه.

69

عدا عن هذا وذاك، هناك حقيقة أخرى هي أن الهرمون المذكور لا يطرح من قبل الدماغ وحسب بل تفرزه أيضاً خلايا الخصية والبربخ وغدة البروستاتة، وفي هذه الحال يكون عمله محلياً على تلك الأعضاء.

وأدى اكتشاف تأثيرات الأوكسيتوسين على الجهاز التناسلي الذكري إلى وضع عدد من التطبيقات العلاجية، نذكر منها:

○ لزيادة القذف المنوي.

○ لزيادة نمو غدة البروستاتة، إما بشكلٍ مباشر، واما بشكل غير مباشر عبر تدخله في العمليات الاستقلابية لهرمونات الذكورة.

○ قد يستخدم علاجاً للضعف الجنسي، وهناك مؤشرات واعدة على هذا الصعيد إذ بينت البحوث أنه يلعب دوراً مهماً في الانتصاب بزيادة تدفق الدم في العضو الذكر.

وإذا كان لهرمون الأوكسيتوسين تأثيرات نوعية لدى كل من الرجل والمرأة فإن الدراسات الحديثة كشفت أن هذا الهرمون يملك وظائف علاجية يمكن تطبيقها على الطرفين:

○ أوضحت دراسة بريطانية — كورية مشتركة جديدة أنه يمكن استخدام هرمون الأوكسيتوسين فى علاج اضطرابات الشهية، كفقدان الشهية العصبي. الدراسة استغرقت أربعة أسابيع وطاولت 64 شخصاً وزعوا على مجموعتين، جاءت نتائجها تقول إن حقنة من الهرمون ساهمت كثيراً في خفض المخاوف المتعلقة بالوزن والشكل.

وصرحت جانيت تريجر قائدة الدراسة واستشارية اضطرابات الشهية في **معهد كينغز كوليدج للطب النفسي** في لندن، أنه ما زال هناك العديد من التجارب قبل استعماله في علاج الاضطرابات النفسية واضطرابات الشهية.

أما الباحثة الكورية يولري كيم فتؤكد أن البحث أثبت قدرة الهرمون على تغيير النظرة اللاواعية الى الغذاء والوزن، الأمر الذي قد يساعد في علاج فقدان الشهية العصبي.

○ **توصلت دراسة أميركية إلى أن مزيجاً هرمونياً يضم الأوكسيتوسين قد يحدث فارقاً كبيراً في الحد من معاناة كثيرين من المرضى من الآلام المزمنة. وتشير**

الدراسة إلى أن 7 من بين كل 9 مرضى شعروا بتحسن ملموس عند تناول جرعات من هرمون أوكسيتوسين، إضافة إلى عدد من المسكنات المنتمية إلى فئة الأفيونات. وأوضح معدو الدراسة أن المرضى شعروا أيضاً بتحسن على صعيد حدة الألم وليس في طبيعته فقط. كما وجد باحثون من جامعة ستانفورد الأميركية أن بخاخ الأوكسيتوسين الأنفي يفيد كمسكن قوي لآلام الصداع النصفي.

○ معروف أن الأطفال المصابين بمرض التوحد يعانون من صعوبات في التواصل الفعال مع الآخرين ومن مشكلات في تطوير الروابط الاجتماعية، ربما يرجع سببها إلى نقص مستوى هرمون أوكسيتوسين، وبناء عليه تم التفكير بإعطاء الأطفال المرضى جرعات إضافية من الهرمون المذكور، فكانت النتيجة واعدة إذ ساهم في تنشيط مناطق الدماغ المسؤولة عن التواصل الاجتماعي. وفي تجربة أخرى للباحثة الفرنسية أيوليار أنداري من مركز الأعصاب الإدراكي في جامعة ليون، وزعت مرضى التوحد إلى فريقين يتبادلون الكرة،

الفريق الأول استنشق رذاذ الأوكسيتوسين، أما الآخر فأخذ علاجاً وهمياً. في العادة لا يستطيع مريض التوحد أن يفرق بين لاعب من فريقه ولاعب الفريق المنافس، لكن تبين بعد الدراسة أن الذين تناولوا الأوكسيتوسين استطاعوا أن يميزوا أعضاء فريقهم فقاموا بتمرير الكرة لهم فقط.

ويمكن شراء رذاذ هرمون الأوكسيتوسين بسهولة عبر الإنترنت. وهناك كثيرون يبتاعونه ويحاولون استعماله لعلاج أطفالهم المصابين بمرض التوحد. الباحثة سو كارتر، من **جامعة إلينوي** بشيكاغو، حذرت بشدة من هذا التصرف الذي قد يقود إلى عواقب وخيمة، لأنه في معظم الحالات، تكون كمية الهرمون الموجودة في الرذاذ ضئيلة للغاية إلى درجة أنها لا يمكن أن تكون فعالة. إضافة إلى هذا تشير كارتر إلى أنه ما من أحد يعرف مضاعفات استنشاق الأوكسيتوسين على المدى الطويل، أو ما الذي يحدث عندما يعطى لأطفال.

○ **توصلت دراسة يابانية حديثة أنجزت على حيوانات التجربة إلى نتائج مثيرة مفادها بأن لهرمون أوكسيتوسين دوراً مهماً في فقدان الوزن والتخلص**

من السعرات الحرارية الزائدة، وكذلك في تنظيم مستوى سكر الدم وتقليص شحوم البطن، وقد فسر العلماء هذه التأثيرات بقدرة الهرمون على ضبط عملية الأكل والتمثيل الغذائي للطاقة داخل الجسم، وذلك من دون أن يتسبب في آثار جانبية، وقد أُعلنت هذه النتائج في المؤتمر العلمي السنوي الذي عقدته الجمعية الأميركية لأمراض الغدد الصماء في هيوستن في العام 2013. وأشار الدكتور ماجيما، أحد القائمين على الدراسة، إلى أن النتائج كشفت عن خصائص جديدة مضادة للسمنة يتمتع بها الهرمون، ما يفتح الباب أمام تصنيع أدوية فعالة وآمنة ضد مرض العصر السمنة.

○ أفادت دراسة نشرت في المجلة الطبية "سايكوسوماتك" قام بها باحثون في جامعة نورث كارولينا الأميركية على 38 زوجاً بأن الاحتضان (العناق) يؤدي إلى ارتفاع مستويات هرمون الأوكسيتوسين، خصوصاً لدى الأزواج المحبين مقارنة بغيرهم من الأزواج. أيضاً تم تسجيل انخفاض في أرقام ضغط الدم العالي، وهذا

يعني أنه يحمي من خطر الإصابة بالأمراض القلبية الوعائية. وعلى الصعيد ذاته أظهرت نتائج دراسة أجراها الباحثون في المركز الطبي في جامعة بون الألمانية، أن هرمون الأوكسيتوسين مهم جداً في استمرار الحياة الزوجية سنوات طويلة وفي الحفاظ على مشاعر الحب بين الطرفين.

السؤال المطروح هو: هل يدفع تناول هرمون الأوكسيتوسين إلى الحب؟

لا شك في أن هرمون الأوكسيتوسين مسؤول عن تكوين علاقة الترابط والحب والمودة بين الأم وطفلها وبين الزوجة وزوجها، إلا أن عالم النفس ديفيد نياس يقول إن الوقوع في الحب هو مزيج ينتج من طبخة تشارك فيها عوامل عدة أحدها الأوكسيتوسين، لكن يبقى العامل الأهم هو فهم الطرف الآخر وتدليله طوال الوقت، فهذا يعزز ويقوي الحياة الزوجية أكثر. وفي كل الأحوال فإنه علينا أن ندرك أن الأوكسيتوسين لا يعطي نتائج وردية دوماً، فهو يمكن أن يغيِر تفاعلاتنا الاجتماعية إلى الأسوأ، مثلما يمكنه أن يغيرها إلى الأفضل.

في المختصر، هناك جوانب إيجابية لهرمون أوكسيتوسين، وهذه الجوانب تكون مضيئة عند اختيار المرضى بعناية، خصوصاً أن تأثير الهرمون يرتبط كثيراً بتوقيت إعطائه، وبنوعية الأشخاص، وبكمية الهرمون الطبيعية التي تسري في عروقهم، وإذا ما تم الجمع بين العلاج والمشورة الطبية، فإنه يمكن الوصول إلى أفضل النتائج.

الفياغرا صديق غدّار([17])

ألّفه: سارة موسى

يؤثر تعاطي الفياغرا دون استشارة طبية على التقدير الذاتي للرجل وتراجع إيمانه بقدراته الطبيعية، مما يؤدي تلقائياً إلى مشاكل في الانتصاب. هذا ما كشفه استطلاع في الولايات المتحدة تضمن أكثر من 2000 شخص.

---

[17] موقع الحب ثقافة الهولندي – 24 آذار (مارس) 2014 – الرابط:

https://lmarabic.com/our-bodies/male-body/viagra-is-not-a-reliable-friend

حبوب "**الفياغرا**" تعمل في الواقع على إضعاف الانتصاب عند من يستخدمه للهو فقط ودون استشارة طبية. هذا ما كشفه استطلاع تضمن 1207 طالب جامعي.

منشطات دون وصفات

تم سؤال الطلبة الذين تضمنهم الاستطلاع ما إن كانوا قد استخدموا "**مقويات**" أو منشطات جنسية، وان كانوا يتناولونها للمتعة فقط ودون استشارة طبية. أجاب 72 رجلاً بصراحة أنهم تعاطوا الفياغرا بمفردهم ودون وصفة طبية.

قارن القائمون على الدراسة بين الحياة الجنسية عند الرجال الذين تناولوا الأقراص بمبادرتهم الذاتية رغبة بزيادة الانتصاب، مع أولئك الذين لم يتعاطوا منشطات جنسية وأيضاً مع الذين استخدموا الفياغرا بناء على وصفة طبية.

اللهو بالفياغرا انتصاب؟

اكتشف الباحثون أن هناك فئة من الرجال ممن لديهم انتصاب طبيعي ولكن يلجؤون للفياغرا للتسلية فقط، ولتقوية الانتصاب وزيادة مدته. وتبين أن الفياغرا في أغلب الوقت تخذل توقعات هؤلاء الرجال، ليأتي الانتصاب أضعف مما هو عليه في الوضع الطبيعي.

في الواقع لا يعاني هؤلاء الأشخاص من مشاكل في الانتصاب وإنما مشاكل في الثقة بقدراتهم وأدائهم الجنسي، وبالتالي فإن هذه الفئة هي الأقل شعوراً بالرضا الجنسي. وبين الاستطلاع المعمق أنهم في الواقع يشعرون بمتعة أقل بكثير ممن لا يتعاطون الفياغرا أو ممن يعانون في الواقع من ضعف في الانتصاب ويقوم الطبيب بوصف منشطات الفياغرا لهم.

الثقة بالقدرات الطبيعية

لا يضعف هذا الجني الأزرق من الانتصاب فقط، وإنما يؤدي في الواقع إلى تراجع ثقة الرجل بانتصابه الطبيعي، كما بينت نتائج الدراسة. فالرجل الذي يلجأ إلى مثل هذه "المقويات" يشعر في سريرته بأنه ليس "فحلاً" دونها. بل اكتشف الباحثون أن بعض الرجال كان انتصابهم قوياً قبيل ممارسة الجنس، وبعد مرافقة الفياغرا، تراجع أداؤهم الجنسي. ولا

ينطبق ذلك على من يستخدمها بناء على حاجة ووصفة طبية، وإنما الحديث يدور على من يستخدمها "**للتسلية فقط**".

كلما أكثر الشخص من تناول هذه الأقراص، كلما تراجع أداؤه الجنسي. هذا لأن تناول المنشطات الجنسية يترافق مع تخيلات بعيدة عن الواقع فيما يتعلق بانتصاب "**خارق**". ويذهب تركيز الرجل أثناء الممارسة الجنسية على مفعول "**الفياغرا**"، مما يخلق جواً من التوتر ويؤثر بدوره إلى تراجع الانتصاب. وسرعان ما تبدأ المعنويات بالتراجع حين يكون مفعول الفياغرا أقل من التوقعات، ويتراجع إيمان الرجل بقدراته الجنسية الطبيعية. ويرتبط هذا بنوع من وسواس الانتصاب التي يكون سببها العقل فقط. قبل أي شيء إنها مسألة نفسية مرتبطة بالثقة بقدرات جسمك.

أستاذ بــ "قصر العيني": 74 %0 من الأزواج يفضلون الزوجة "المختونة"(¹⁸)

٩١ ٪ من نساء مصر خضعن لعملية "الختان"

كتب: أحمد البهنساوي

"٩١٪ من نساء مصر أجرين عملية ختان وفقاً لدراسة حديثة، وأكثر الدول الأفريقية التى ينتشر فيها الختان هى مصر والسودان وإثيوبيا وإريتريا ومالى وغينيا". هذا ما أكده الدكتور عبد الحميد عطية،

---

[18] موقع جريدة الوطن المصرية – الثلاثاء 2 يونيو 2015 – الرابط:

https://www.elwatannews.com/news/details/7
42161

أستاذ أمراض النساء والتوليد بكلية طب قصر العيني، خلال كلمته أمس بمؤتمر دور القانون فى مواجهة العنف ضد المرأة ومناهضة ختان الإناث الذى تنظمه وزارة العدل.

"نسبة الختان كانت مرتفعة جداً فى السنوات السابقة، حيث كشفت دراسة عام 1995 عن أن نسبة عمليات الختان فى مصر وصلت 98%". ويؤكد عطية أن الأمر ليس مقتصراً على الدول الإسلامية فقط، فهناك فتيات مسيحيات يتعرضن للختان بما يشير إلى أنها عادة مجتمعية وليست دينية.

٧٤ ٪ من الأزواج يفضلون الزوجة المختتنة، وفقاً لدراسة أجراها المجلس القومى للسكان عام 1995، و٥٤ ٪ يرون أنها من العادات والتقاليد، بينما يرى ٣٠ ٪ أنها تحافظ على النظافة الشخصية و٢٥ ٪ فقط يرون أن الختان ضرورة دينية.

ورغم أن الدراسة التى أشار إليها كشفت عن أن ٥ ٪ فقط من الإناث اللاتى تعرضن للختان كشفن عن تعرضهن لمضاعفات، فإن عطية أكد أن البتر التناسلى للإناث نوع من التعذيب البدنى وينتهك حقوق الطفل ويعتبر شكلاً من أشكال التمييز ضد المرأة، كما أن المنظمات الطبية العالمية تدين عملية الختان.

متى ترغب المرأة في الجنس أكثر من الرجل؟ (19)

الجنس حقيقة مطلقة مسؤولة عن استمرار البشرية، ورغم توحد العلاقة عبر العصور والأزمان إلا أن المفهوم يختلف اختلافا شاسعا بين المرأة والرجل .. حقيقة أخرى أثبتتها دراسة حديثة حول اختلاف الذكر والأنثى من جديد في ما يتعلق بالعلاقات الحميمة.

---

[19] جريدة الأيام 24 الإليكترونية المغربية – 5 يوليو 2017 – الرابط:
https://www.alayam24.com/articles-40612.html

ليس الجنس وحده ما يشغل بال الرجل فهو أيضا يفكر بالطعام والنوم أكثر منها بأشواط. إذ أظهرت دراسة جديدة أن الرجال يفكرون بالجنس 34 مرة كل 24 ساعة، في حين تفكر فيه النساء 18 مرة.

ووجدت الدراسة، التي أجرتها **جامعة أوهايو** ونشرتها **صحيفة ديلي ستار** البريطانية، أن النساء يفكّرن في الجنس كل 51 دقيقة في اليوم، في حين يشغل الجنس عقول الرجال كل 28 دقيقة وبمعدل مرتين تقريباً أكثر من النساء. الفرق واضح وصريح وبما أن هذه الأرقام هي معدل دراسة أعدت على فئة كبيرة فإن البعض قد يفكر أكثر بكثير أو أقل بكثير بالجنس.

وتبين أن النساء يفكّرن في الجنس 18.6 مرة في اليوم أي مرة كل 51 دقيقة باستثناء فترة النوم لثماني ساعات، فيما يفكّر فيه الرجال 34.2 مرة في اليوم وبمعدل مرة كل 28 دقيقة.

وأضافت الدراسة، التي طلبت من المشاركات والمشاركين تسجيل عدد المرات التي يفكرون فيها بالجنس والطعام والنوم كل يوم، أن النساء يفكّرن بالطعام 15.3 مرة في اليوم وبمعدل مرة كل 62 دقيقة، وبالنوم 13.4 مرة وبمعدل مرة كل 72 دقيقة. وأشارت إلى أن الرجال

يفكرون بالطعام 25.1 مرة في اليوم وبمعدل مرة كل 38 دقيقة، وبالنوم 20 مرة في اليوم وبمعدل مرة كل 33 دقيقة.

وأظهرت الدراسة أيضاً أن الرجال يفكرون باحتياجاتهم المادية أكثر من النساء، بما فيها الجنس، فيما كانت الضغوط الاجتماعية وراء تخلف المرأة عن الرجل في مجال التفكير بالجنس. وكانت دراسة مشابهة كشفت أن رغبة الرجل الجنسية أقوى من المرأة ومباشرة وصريحة، بعكس المرأة التي ترتبط رغبتها بمحيطها ونفسيتها، وفق ما قال البروفيسور في علم السوسيولوجيا ادوارد لومان لصحيفة **افنغتون بوست.**

كما تبين أن الرجل يختبر النشوة الجنسية بعد 4 دقائق فقط من الجماع الفعلي في حين أن المراة تحتاج لــ 10 إلى 11 دقيقة.

أسرار تعرفها لأول مرة عن العلاقة الجنسية[20]

الوسط: محرر صحة

يعاني العالم العربي من انعدام الثقافة الجنسية، فهي من الأمور التي يجب عدم مناقشتها أو الحديث عنها، وطبعاً لن يتم إدراجها ضمن المناهج المدرسية في أي وقت قريب، لكن العلاقة الحميمة جزء أساسي من الحياة الزوجية التي تنعكس سلباً أو إيجاباً عليها، وذلك وفقاً لمقاربة الشريكين للعلاقة، والتي بدروها تنعكس على بقية أفراد الأسرة.

---

[20] جريدة الوسط البحرينية – 12 مايو 2017 – الرابط:

http://www.alwasatnews.com/news/1104562.h
tml

وفيما يأتي سنعرض بعض المعلومات غير المعروفة على نطاق واسع، بالإضافة إلى معلومات نقلها موقع "سيّدي"، ويفضل أن يعرفها الرجل:

1 – الجنس يعالج الصداع

قد تكون من أكثر الحجج التي يستخدمها الرجال والنساء حول العالم لتفادي ممارسة الجنس، لكن الدراسات أثبتت أن العلاقة الحميمة تعمل كمسكن للألم، وتحديداً الصداع، فالجنس يحفز إفرازات الأندورفين، من خلال الجهاز العصبي المركزي الذي يقوم بدوره بالقضاء على الصداع.

2 – كم تبلغ سرعة القذف:

تصل سرعة القذف عند الرجل إلى 28 ميلاً في الساعة، ويتضاعف حجم الخصيتين 50 % خلال ممارسة الجنس.

3 – النساء والرغبة في سن اليأس

خلافاً للمعلومات السائدة، فإن الرغبة الجنسية عند النساء تتضاعف بعد سن اليأس، لكن هذه الرغبة لا تكون موجهة لأزواجهن! فوفق الدراسات؛ فإن النسوة اللواتي دخلن سن اليأس يمتنعن عن ممارسة الجنس مع أزواجهن، مقابل فئة تضاعفت رغبتها الجنسية بعد اقترانها بأزواج جدد، أما النساء اللواتي استمرت رغبتهن بأزواجهن فهن اللواتي عشن نظاماً صحياً خلال حياتهن.

4 – مدة النشوة:

تستمر النشوة الجنسية عند الرجل لمدة 22 ثانية، وتصل معدلات نبضات القلب إلى 140 أو 180 نبضة، ووفق الدراسات، فإن الشعور بالنشوة الجنسية يطيل العمر.

5 – انتصابات متكررة

الرجل يحصل على 11 انتصاباً خلال اليوم.

6 – الرجال يمارسون الجنس أكثر من النساء:

يدعي الرجال بأنهم يحتاجون ممارسة الجنس بشكل دائم أو شبه دائم، لكن الواقع يشير إلى أن هذه الحقائق تنطبق على الرجال في سن 18 إلى 28، خلال هذه المدة يمارس الرجل الجنس أكثر من المرأة؛ بسبب إفرازات التستوستيرون بمعدلات كبيرة، لكن نسب الممارسة لا تلبث أن تصبح متعادلة بين النساء والرجال، خلال الفترات العمرية اللاحقة.

7 – الجنس والنوم:

ممارسة الجنس تحسن نوعية ومدة النوم، كما تؤدي إلى خفض مستويات التوتر.

8 – كمية الحيوانات المنوية:

ينتج الرجل خلال حياته ما يعادل 14 غالوناً من الحيوانات المنوية.

9 – السمنة والعلاقة الحميمة:

أظهرت الدراسات نتائج متناقضة حول السمنة والعلاقة الحميمة، فهي تربط بين السمنة وضعف الانتصاب، لكنها في الوقت عينه تؤكد أن الرجال الذين يعانون من السمنة قادرون على ممارسة الجنس لوقت أطول، والسر يكمن في أن الذين يعانون من السمنة يمتلكون نسباً أعلى من هرمون الأنوثة إسترادول؛ الذي يطيل المدة لخمس دقائق على الأقل.

10 – الحيوانات المنوية تقاوم التجاعيد:

الحيوانات المنوية عبارة عن بروتينات تقاوم التجاعيد بشكل أكثر فعالية من الكريمات.

11 – علاج لاحتقان الجيوب الأنفية:

ممارسة الجنس تساعد على تخفيف احتقان الجيوب الأنفية ومكافحة ضيق التنفس.

ما يجب أن تعرفه عن الجنس:

1 – تأثير تبادل القبلات

تبادل القبلات له تأثيره المهم جداً في العلاقة الحميمة، فهي تضاعف تفاعل الشريكة، وتجعل العلاقة أقرب إلى ممارسة الحب، مهد الطريق للعلاقة بالقبلات والاحتضان، فكلما شعرت الشريكة بالأمان، زادت معدلات هرمون الأوكسيتيسون المرتبطة بالشعور بالثقة.

2 – النظافة الشخصية

الاهتمام بالنظافة لا يجنبك الأمراض فحسب، بل يجعلك أكثر جاذبية للشريكة، الاستحمام ضروري وقليل من العطر لا يضر بأحد، شرط عدم الإفراط في استخدامه، بحيث تصبح رائحته قوية جداً.

3 – لا تكن أنانياً

العلاقة الحميمة هي فعل بين شخصين، ولا يتعلق الأمر بك وحدك، بل يتعلق بها أيضاً، العلاقة المتكافئة تنعكس على جميع نواحي حياتك مع شريكتك، وبالتالي لا تتمتع بعلاقة حميمية أفضل فقط، بل بحياة أفضل.

4 – لا تفترض أنك تعلم كل شيء:

مهما افترضت أنك تعلم عن الجنس والحياة الجنسية، فهناك العديد من الأمور التي لا تزال تجهلها، الادعاء بمعرفتك ما يجب ولا يجب فعله، سيجعلك فاشلاً حين يتعلق الأمر بالعلاقة الجنسية. المعرفة تأتي من الإشارات التي تعطيك إياها الشريكة، انتبه للإشارات واستمع لما تريده.

5 – التكرار لا ينفع

لا يعني نجاح ما قمت به في المرة السابقة أنه سينجح هذه المرة أيضاً. تفاعل الشريكة مرتبط بمزاجها أيضاً، فما أثبت نجاحه سابقاً قد لا ينفع لاحقاً. حاول التنويع قدر الإمكان مع الانتباه لتفاعل الشريكة.

6 – الغزل

أثبتت الدراسات أن النساء اللواتي يعانين من انعدام الثقة بشكلهن لا يتمتعن بحياتهن الجنسية، فالمرأة التي لا تجد نفسها جذابة أو جميلة ستجد في العلاقة عذاباً نفسياً، لذلك يجب الحرص على التغزل بجمالها وبجذابيتها.

7 – المرأة تحتاج لوقت أطول

وفق الدراسات، فإن المرأة تحتاج إلى 10 أو 14 دقيقة للوصول إلى النشوة، خلال العلاقة الحميمة، بينما يحتاج الرجل إلى 7 أو 14 دقيقة.

8 – أفضل الأوقات لممارسة الجنس

تعد فترة الصباح من أفضل الأوقات لممارسة العلاقة الحميمة؛ إذ يكون الجسم مسترخياً ومستويات الطاقة في أعلى مستوياتها. وقت مختلف تماماً هو نهاية يوم شاق؛ لأن ممارسة العلاقة أفضل علاج للتخلص من التوتر.

الفهرس

الفهرس

www.ingramcontent.com/pod-product-compliance
Lightning Source LLC
Chambersburg PA
CBHW070139260726
48658CB00001B/498